C'est chouette, la vie !

Giovanna Tempesta

Direction éditoriale : Béatrice Rego
Marketing : Thierry Lucas
Édition : Aude Benkaki
Couverture et conception maquette : Dagmar
Mise en page : AMG
Illustrations : François Davot

© 2019, SEJER
ISBN: 978-209-031257-7

© 2019, SANTILLANA EDUCACIÓN, S.L.
Torrelaguna, 60 – 28043 Madrid
ISBN: 978-84-904-9308-3

Impression : Sepec-Numérique - février 2024 - N° d'impression : N00421240201
N° éditeur : 10299570
Dépôt légal : février 2019

 10-31-3532 / Certifié PEFC / Ce produit est issu de forêts gérées durablement et de sources contrôlées. / pefc-france.org

DÉCOUVRIR

1. L'histoire, les personnages.

Observe les illustrations.

a. D'après toi, est-ce que les jeunes filles sont françaises ?

....

b. Est-ce qu'elles sont amies ?

....

2. Où se trouve le Brésil ?

Coche la bonne réponse.

a. En Afrique.
b. En Amérique du Nord.
c. En Amérique du Sud.

3. Connais-tu la Russie ?

Coche la(es) bonne(s) réponse(s).

a. La Russie s'étend sur deux continents.
b. Elle possède des frontières avec seulement cinq pays.
c. Elle se trouve près de l'océan Atlantique.
d. Sa capitale est Saint-Pétersbourg.

4. À partir des illustrations.

Peux-tu dire quelles activités les personnages aiment faire ?

....

....

5. Coche la bonne réponse.

Qu'est-ce que « C'est chouette ! » signifie ?

a. C'est difficile !
b. C'est beau !
c. C'est laid !

PERSONNAGES

Anna :
c'est une jolie fille blonde. Elle a de grands yeux bleus. Elle a 11 ans. Elle est russe.

Sonia :
elle est brune. Elle a les yeux verts. Elle est brésilienne.

Philippe :
c'est le papa de Sonia. C'est un homme d'affaires. Il voyage beaucoup pour son travail.

Dimitri :
c'est le papa d'Anna. Il vit en Russie. Il parle très bien le français.

CHAPITRE 1 Couleur café

C'est une fille. Une jolie fille blonde avec de grands yeux bleus. Elle s'appelle Anna. Elle a onze ans. Elle a deux frères. Un grand frère et un petit frère. Sa maman est une dame de quarante ans. Elle est grande et elle s'appelle Ludmila. Elle vit seule avec ses trois enfants.

La famille d'Anna vit en France **depuis** six mois. Mais elle n'est pas française : elle est russe. Anna ne parle pas très bien le français, mais elle apprend vite. Il y a d'autres étrangers dans sa classe. Il y a des Marocains, des Tunisiens, des Thaïlandais, des Chinois… Il y a même une Brésilienne. Elle s'appelle Sonia. C'est l'amie d'Anna. Anna et Sonia sont inséparables. **Toujours ensemble**. En classe, dans la cour de récréation, à la **cantine**…

Anna est blonde, Sonia est brune. Anna a les yeux bleus, Sonia a les yeux verts. Anna a la peau blanche comme la neige. Sonia n'a pas la peau blanche, mais elle n'a pas la peau noire. Elle a la peau couleur café.

---

depuis : J'arrive en France en janvier. Nous sommes en juillet. Je suis en France depuis six mois.
toujours ensemble : *à tout moment, l'une avec l'autre.*
une cantine : *restaurant pour les élèves du collège.*

CHAPITRE **1** **Couleur café**

C'est la couleur des **îles**, du soleil, de la mer. Anna adore la peau de Sonia. Chez elle, en Russie, il n'y a pas de petites filles comme Sonia.

Sonia est en France depuis six mois elle aussi. Sa mère est brésilienne, son père français. À la maison, Sonia parle français avec son père et portugais avec sa mère. Sonia parle **mieux** le français qu'Anna. Elle fait **souvent** les devoirs avec elle, à l'école.

Mais aujourd'hui, Anna est triste. Elle ne veut pas faire ses devoirs, elle ne veut pas travailler, elle ne veut pas rester en classe. Elle ne veut rien faire. Elle veut retourner chez elle, en Russie. Son père est là-bas, à Moscou. Il lui écrit chaque semaine. Mais il ne peut pas venir. Il a beaucoup de travail.

Anna veut revoir son père.

Dans sa dernière lettre, elle lui écrit : « Papa, j'ai bientôt douze ans. Je comprends beaucoup de choses, maintenant. Je sais que tu ne peux pas venir. Ce n'est pas à cause du travail, c'est à cause de maman. Maman ne veut pas te voir. Je crois qu'elle t'aime, mais elle ne veut pas te voir. C'est comme ça. J'ai des camarades qui ont le même problème que moi. J'ai une amie, elle s'appelle Sonia. Elle est **trop** gentille.

une île : *terre au milieu de la mer.* La Grande-Bretagne est une île.
mieux : *d'une manière plus correcte.*
souvent : *fréquemment.*
trop (fam.) **:** *très.*

Dans sa dernière lettre, elle lui écrit : « Papa, j'ai bientôt douze ans. Je comprends beaucoup de choses, maintenant.

CHAPITRE **1** **Couleur café**

Elle vient du Brésil. Elle vit avec son père et sa mère. Mais son père, ce n'est pas son père, c'est son beau-père. Il est français. Il voyage beaucoup. Son père, elle ne le connaît pas. Sonia, elle est comme moi : elle n'a pas son vrai papa à côté d'elle. »

Sonia sait pourquoi Anna est triste. Elle connaît son histoire. Anna lui parle souvent de son père. Elle dit qu'il est grand, très fort, très beau.

Sa mère a un frère à Nice. C'est l'oncle d'Anna. Il vit depuis longtemps en France. Il a un bon travail, il gagne bien sa vie. Il a une grande maison. La famille d'Anna habite chez lui.

Un dernier détail : Anna joue du piano. Elle joue très bien. L'autre jour, le professeur de musique lui demande : « Anna, tu peux jouer *La Marche Turque* de Mozart ? ». Aujourd'hui, Anna joue *La Marche Turque* pour Sonia ; elle trouve cette musique magnifique. Anna lui dit qu'elle travaille beaucoup le piano. Elle joue quatre heures par jour.

Quatre heures ? À son âge ? Comment fait-elle ? Et les devoirs de l'école ? Sonia se dit que sa camarade est une fille pas comme les autres.

* * *

le beau-père : *mari de la mère ; ce n'est pas le père de l'enfant.*
Nice : *ville du Sud de la France, sur la côte méditerranéenne.*
longtemps : *un long espace de temps (dix ans, quinze ans…).*

Anna lui dit qu'elle travaille beaucoup le piano.
Elle joue quatre heures par jour.

COMPRENDRE

1. Choisis la bonne réponse.
a. Anna est (russe) – française – brésilienne.
b. Elle vit en (France) – en Russie – en Espagne.
c. Elle apprend (le français) – l'allemand – l'italien.
d. Son amie est belge – (brésilienne) – française.

2. Vrai ou faux ?

	V	F
a. Anna est blonde.	✓	
b. Sonia a la peau blanche.		✓
c. Le père de Sonia est français.	✓	
d. Le père d'Anna est français.		✓
e. La famille d'Anna vit chez son oncle.	✓	
f. Anna joue du violon.		✓
g. Sonia joue du piano.		✓

3. Coche la bonne réponse.

a. Anna
1. Elle a les yeux bleus. ☐
2. Elle a les yeux verts. ☐
3. Elle a les yeux noirs. ☐

b. Sonia
1. Elle est blonde. ☐
2. Elle est brune. ☐
3. Elle est rousse. ☐

COMPRENDRE

4. Relie les phrases et les prénoms.

a. Elle vit avec son beau-père et sa mère. •

b. Elle vit seulement avec sa mère. •   • Anna

c. Elle veut voir son père. •

d. Elle parle souvent de son père. •   • Sonia

e. Elle ne connaît pas son père. •

Sonia regarde en direction de l'entrée.

CHAPITRE 2 — Anna n'est pas à l'école

Ce matin, Anna n'est pas là. Il est huit heures. C'est l'heure de la sonnerie, à l'école. Les élèves se mettent en rang par deux. Sonia regarde en direction de l'entrée.

« Anna est peut-être en retard ? » se dit-elle. « Non, non, elle est toujours à l'heure. »

Huit heures cinq. Les élèves entrent dans la classe.

– Qui est absent ? demande le professeur de mathématiques.

– Anna ! répond Sonia.

– Elle est malade ?

– Je ne sais pas.

– Bon. Vous sortez votre cahier. Vous écrivez la date : *16 décembre...*

« Bientôt Noël, se dit Sonia. Les vacances, les cadeaux, c'est super ! »

---

une sonnerie : *ici, petite musique qui annonce que les cours commencent et que les élèves vont entrer dans les classes.*
un rang : *ligne formée par les élèves qui se mettent les uns derrière les autres (ici, par deux).*
Noël : *fête religieuse célébrée le 25 décembre. Les gens font le réveillon (un dîner) en famille le soir du 24 décembre et se donnent des cadeaux.*

CHAPITRE **2** **Anna n'est pas à l'école**

– Monsieur, je peux aller aux toilettes ? demande la jeune fille.

Sonia aime bien son professeur de mathématiques. Elle sait qu'il va dire « oui ».

Elle sort de la classe, descend les escaliers. Dans sa poche de pantalon, il y a son téléphone portable. Elle compose un numéro.

– Allô, Anna, c'est moi, Sonia.

– Salut. Où tu es ?

– À l'école. Et toi, qu'est-ce que tu fais ? Tu ne viens pas ?

– Non. Je ne suis pas bien. J'ai mal au ventre.

– C'est vrai ?

– Oui, c'est vrai. J'ai mal depuis hier.

– Demain, c'est samedi. C'est les vacances. Deux semaines sans école ! C'est super, non ? On peut se voir ?

– Oui, bien sûr. Tu me téléphones et tu passes à la maison.

– D'accord. Bon, je coupe. Je monte en cours. Salut, Anna, à demain.

Ce n'est pas vrai. Anna n'est pas malade. Mais elle est au lit. Ses frères sont à l'école. Sa mère est au

---

c'est vrai ? : *c'est la vérité.*
couper : *cesser la communication.*
monter en cours : *aller dans la classe.*

— Monsieur, je peux aller aux toilettes ? demande la jeune fille.

travail. Elle est infirmière. Le matin, elle part très tôt. À cinq heures. Parfois à quatre heures.

Anna est dans sa chambre. C'est bientôt l'hiver. Elle pense à sa ville. Moscou. Elle regarde son piano. C'est un magnifique piano à queue. C'est un cadeau de son oncle. Le piano, c'est toute sa vie. Elle aime l'instrument, elle aime la musique.

un(e) infirmier(ère) : *personne qui s'occupe des malades dans un hôpital.*
tôt : *contraire de tard.*

CHAPITRE **2 Anna n'est pas à l'école**

Elle **rêve** de jouer **plus tard** dans des concerts.

Mais aujourd'hui, Anna est triste. Elle pleure. Quand elle est triste, Anna se met devant le piano. Et elle joue. **Elle ne pense plus à rien.** La musique. Seulement la musique.

Voilà pourquoi elle n'est pas à l'école aujourd'hui. Elle veut jouer du piano. **Du matin jusqu'au soir.** Pour **oublier**. Pour oublier que son père n'est pas à côté d'elle.

***

rêver de : *ici, vouloir.*
plus tard : *ici, quand elle sera adulte.*
elle ne pense plus à rien : *elle ne pense pas, elle se concentre sur sa musique.*
du matin jusqu'au soir : *toute la journée.*
oublier : *ici, ne pas penser (que son père n'est pas là).*

Elle rêve de jouer plus tard dans des concerts.

COMPRENDRE

1. Réponds.
a. Qui est absent ce matin à l'école ?

....

b. Quel jour sommes-nous ?

....

c. Quelle matière enseigne le professeur ?

....

d. Que demande Sonia à son professeur ?

....

2. Entoure la bonne réponse.
a. À l'école. Il est huit heures – neuf heures – midi.

b. Le professeur demande si Anna est en retard – malade – en voyage.

c. Sonia téléphone à sa mère – Anna – son père.

d. Elle téléphone pendant la récréation – quand elle est chez elle – pendant le cours de maths.

e. Anna est au lit – à l'école – chez Sonia.

COMPRENDRE

3. Réponds.

a. Anna est réellement malade ?

....

b. Elle dit la vérité à Sonia ?

....

c. Pourquoi elle n'est pas à l'école ?

....

d. Que fait-elle ?

....

e. Où est sa mère ?

....

f. Et ses frères ?

....

4. Qui parle ?

Relie les phrases et les personnages.

a. Qui est absent ? •

b. Elle est malade ? •   • Sonia

c. Monsieur, je peux   • Anna
aller aux toilettes ? •
                                • Le professeur de
d. Tu me téléphones   mathématiques

et tu passes à la maison. •

CHAPITRE 3 Au musée

Dix heures. Le téléphone sonne chez Anna. C'est le père de Sonia à l'appareil.

– Bonjour, Anna, je ne te dérange pas ?

– Non, pas du tout.

– Je suis le papa de Sonia. Je m'appelle Philippe. Sonia et moi, on visite le musée Matisse, parce que la semaine prochaine, je dois partir pour quelques jours en voyage d'affaires. Tu connais Matisse, je pense ?

– Euh…

– C'est un grand peintre français. Le plus grand du XXe siècle, avec Picasso. Il y a une superbe exposition actuellement, avec des tableaux du musée de l'Ermitage, à Saint-Pétersbourg…

– Je ne connais pas Matisse, mais je connais bien Saint-Pétersbourg et son musée. La ville est très belle. Et le musée, c'est le plus beau musée du monde !

---

déranger : *importuner.*
le musée Matisse : *il est situé dans la villa des Arènes, à Nice. En 1953, Matisse donne huit tableaux à la ville (dessins et peintures).*
un tableau : *peinture.*
le musée de l'Ermitage : *musée de Saint-Pétersbourg qui contient l'une des plus riches galeries de peintures du monde.*
Saint-Pétersbourg : *grande ville de Russie.*

CHAPITRE ❸ **Au musée**

– Tu veux venir avec nous ? Je passe te prendre dans une demi-heure.

– D'accord ! merci.

– Tu peux me passer ta mère, je veux lui parler deux minutes.

– C'est impossible, elle est au travail.

– Un samedi ?

– Oui. Elle est infirmière, vous savez. Parfois, elle travaille le dimanche.

– Aïe ! C'est un problème.

– Non, ne vous inquiétez pas. Maman a confiance en moi, je ne suis plus une gamine.

– Dans ce cas, j'arrive. Tu nous attends devant ta porte. À bientôt...

Une demi-heure plus tard, Anna aperçoit la voiture depuis sa fenêtre. Elle ferme la porte de la maison, monte à l'arrière de la voiture, embrasse Sonia.

– Bonjour, monsieur, vous allez bien ?

– Très bien. Et toi ? Tu es contente de venir avec nous ?

– Oui. Très contente. J'aime bien la peinture.

Le musée Matisse, à Nice, est magnifique. La collection de peintures se trouve dans une villa : la villa

---

un(e) gamin(e) (fam.) : *enfant.*
apercevoir : *voir.*

Elle monte à l'arrière de la voiture, embrasse Sonia.

des Arènes. C'est une grande maison de style italien.

L'exposition est exceptionnelle. Il y a beaucoup de tableaux. Anna est très heureuse. Elle observe les **toiles**, les dessins, les **gouaches**, les sculptures. Son père peint, et il aime beaucoup Matisse. Elle aussi aime la peinture. Elle aime les couleurs.

– C'est comme le Brésil, dit-elle à Sonia. Matisse connaît les pays chauds : le Maroc, Tahiti, les îles du Pacifique.

une toile : *peinture.*
la gouache : *peinture à l'eau.*

CHAPITRE **3** **Au musée**

Aujourd'hui, c'est le premier jour de l'exposition. Il y a beaucoup de monde. Des Français, mais aussi des étrangers : Anglais, Allemands, Américains, Japonais, Chinois, Espagnols, Italiens, Russes…

Soudain, Anna s'arrête devant une toile. C'est un tableau assez grand. Il montre un homme et une femme dans un salon. L'homme est debout, il porte un pyjama rayé. La femme est assise. Elle porte un peignoir sombre. Entre l'homme et la femme, une fenêtre.

– Tu crois qu'ils sont mariés ? demande Sonia.

– Ils sont ensemble, c'est sûr. Mais ils ne s'aiment pas.

– Moi, je ne pense pas. Je pense qu'ils s'aiment ; mais ils ne sont pas d'accord. Ils sont très différents l'un de l'autre.

– Tu as raison, dit le père de Sonia. L'homme aime la femme. Mais elle et lui sont différents. Ils n'ont pas la même personnalité, tu comprends ?

– Oui, je comprends très bien, répond Anna. C'est comme papa et maman !

* * *

rayé : *qui a des lignes de couleurs différentes.*
un peignoir : *vêtement d'intérieur que l'on met, par exemple, sur un pyjama.*
sombre : *contraire de clair.*
ils sont mariés : *ils sont mari et femme.*

Soudain, Anna s'arrête devant une toile. C'est un tableau assez grand. Il montre un homme et une femme dans un salon.

COMPRENDRE

1. Entoure la bonne réponse.

1. Anna et Sonia vont :
   a. au cinéma.
   b. au musée.
   c. au théâtre.
   d. au zoo.

2. Elles sortent ensemble :
   a. un samedi.
   b. un dimanche.
   c. un mercredi.
   d. un jour d'école.

3. Matisse est :
   a. un savant.
   b. un champion sportif.
   c. un peintre.
   d. un architecte.

4. Qui accompagne les deux jeunes filles ?
   a. La mère d'Anna.
   b. Le père de Sonia.
   c. Le père d'Anna.
   d. Le frère de Sonia.

2. Vrai ou faux ?

	V	F
a. Anna connaît la peinture de Matisse.	☐	☐
b. Elle connaît bien Saint-Pétersbourg.	☐	☐
c. Elle ne connaît pas le musée de Saint-Pétersbourg.	☐	☐
d. Elle ne connaît pas la villa des Arènes.	☐	☐
e. Elle aime la peinture.	☐	☐

COMPRENDRE

3. Anna s'arrête devant un tableau.
Sur le tableau, il y a :
a. une fenêtre
b. un homme et une femme
c. un homme seul
d. une femme seule
e. un homme avec un pyjama rayé
f. une femme avec un peignoir
g. une femme avec une robe sombre
h. une femme assise

4. Réponds.
a. Que pense Anna des deux personnages du tableau ?
....
b. Sonia est d'accord avec Anna ?
....
c. Que dit le père de Sonia sur la personnalité de l'homme et de la femme du tableau ?
....
d. Quelle est la conclusion d'Anna ?
....

5. Relie les phrases et les personnages.
a. Bonjour, Anna, je ne te dérange pas ?
b. Je m'appelle Philippe.
c. C'est impossible, elle est au travail.
d. Tu crois qu'ils sont mariés ?
e. Je pense qu'ils s'aiment.

- Anna
- Sonia
- Le père de Sonia

Elle déplie la lettre. À l'intérieur, il y a un billet d'avion.

CHAPITRE 4 — Une lettre dans la boîte

La voiture de Philippe s'arrête devant chez Anna. C'est l'après-midi. Il est trois heures. Il fait froid mais le ciel est bleu. Anna et Sonia sont contentes. Elles sont ensemble. Le beau-père de Sonia est un homme très sympathique. Il aime les enfants. Il propose toujours quelque chose : un sandwich ? Un verre de Coca ? Des cartes postales ? Un livre ?…

Sonia l'aime beaucoup, elle le dit à Anna.

Mais Anna regarde quelque chose : près de la porte, il y a une boîte aux lettres ; et dans la boîte, il y a une enveloppe. Anna ouvre l'enveloppe et trouve une lettre.

– C'est mon père ! dit la jeune fille.

Elle déplie la lettre. À l'intérieur, il y a un billet d'avion. Anna lit le mot de son père :

---

une boîte aux lettres : *à la porte des maisons, boîte en métal ou en bois pour mettre les lettres.*
une enveloppe : *on met une lettre dans une enveloppe pour la poster.*
déplier : *défaire la lettre pour pouvoir la lire.*
un mot : *ici, lettre.*

CHAPITRE ❹ **Une lettre dans la boîte**

Ma petite Anna,
Cette semaine, tu es en vacances. Voici un billet d'avion pour toi. Départ mardi à huit heures de l'aéroport de Nice. Ta mère est d'accord. Je t'attends à Saint-Pétersbourg. À bientôt.
Ton papa qui t'aime.

– Sonia, regarde ! Je vais en Russie. Je vais voir mon père. Il m'offre le voyage. C'est formidable !

Formidable. Le mot est juste. Anna est contente. Anna est heureuse. Elle est très heureuse. Elle va revoir son père. Elle va revoir son pays.

– Excuse-moi, Anna, fait le père de Sonia. Tu dis que tu vas en Russie ?

– Oui. À Saint-Pétersbourg.

– Et quand pars-tu ?

– Mardi. À huit heures.

Philippe regarde la jeune fille, étonné. Anna se demande pourquoi.

– Tu voyages avec Air France ?

– Oui !

Le père de Sonia se fait répéter l'horaire, le numéro du vol, la destination.

étonné : *surpris.*

Dans ce cas,
Sonia peut partir avec vous !

– C'est incroyable ! s'exclame Philippe. Je pars mardi moi aussi pour Saint-Pétersbourg ; et je prends le même avion !

Anna se tourne alors vers son amie, puis vers son père.

– Vous partez longtemps ? lui demande-t-elle.
– Une semaine.
– Et vous restez à Saint-Pétersbourg ?
– Oui. Je **descends dans un hôtel** du centre-ville.
– Dans ce cas, Sonia peut partir avec vous !

descendre dans un hôtel : *s'installer dans un hôtel pendant deux jours, une semaine, etc.*

CHAPITRE **4** **Une lettre dans la boîte**

Philippe regarde alors sa fille. Il comprend qu'elle **a** très **envie de** partir avec eux.

– Tu crois que maman sera d'accord ? demande-t-il.

La jeune fille dit oui de la tête. La Russie ! La neige ! Les grands espaces ! Sonia **rêve** depuis longtemps de tout cela.

– Bon. On appelle ta mère et après, la compagnie, pour voir s'il y a encore une place.

Quelques minutes plus tard, la réponse arrive : oui, il reste encore une place.

– Formidable !

– Super !

– Génial !

Les filles sont heureuses. Philippe aussi. C'est la première fois qu'il fait un voyage avec Sonia. La vie réserve parfois de bonnes surprises !

– Et comment on fait pour mardi ? demande Anna.

– **Rendez-vous** à six heures devant l'aéroport. Ta maman t'accompagne, je pense ?

– Oui, bien sûr !

– Surtout, **tu n'oublies pas ton passeport** et ton billet d'avion !

---

avoir envie de : *vouloir.*
rêver : *ici, imaginer.*
rendez-vous : *heure et lieu où les deux amies vont se retrouver pour prendre l'avion.*
tu n'oublies pas ton passeport : *tu penses à prendre ton passeport.*

COMPRENDRE

1. Dans la boîte aux lettres de chez Anna, il y a :
a. un mot de Sonia.
b. une lettre du père d'Anna.
c. une lettre de sa mère.
d. une lettre du collège.

2. Vrai ou faux ?

                                                                                       V   F

a. Dans la lettre, il y a un billet d'avion.
b. Le père d'Anna vient à Nice.
c. Anna part en Russie.
d. Elle part le mois prochain.

3. Réponds.
a. Où va Anna ?

....

b. Quel jour et à quelle heure part-elle ?

....

c. Philippe regarde le billet d'Anna et qu'est-ce qu'il découvre ?

....

COMPRENDRE

d. Anna dit alors quelque chose à Philippe. Quoi ?

....

e. Quelle est la réaction de Sonia quand elle apprend qu'elle peut partir ?

....

f. Où et quand vont-ils se retrouver le jour du départ ?

....

4. Qui parle ? Relie.

a. Tu dis que tu vas en Russie ?

b. Vous partez longtemps ?

c. Tu crois que maman sera d'accord ?

d. Dans ce cas, Sonia peut partir avec vous.

e. Je descends dans un hôtel du centre-ville.

f. Bon, on appelle ta mère et après, la compagnie.

- Le père de Sonia
- Anna

CHAPITRE 5 — Le rendez-vous

Ce matin, **il pleut** très fort. C'est une tempête. Philippe, Sonia et Anna sont là, à l'intérieur de l'aéroport, depuis six heures. Ils attendent. L'**hôtesse** leur dit que les avions ne peuvent pas **décoller** ce matin. Impossible. C'est trop dangereux. Le vent souffle à 110 km/heure. L'aéroport de Nice se trouve dans la ville, près des plages, face à la mer. Les vagues sont très hautes : trois mètres, peut-être quatre.

– Ça commence bien ! soupire Sonia.

Anna ne dit rien. Elle est triste. Elle fait tout pour ne pas pleurer, mais c'est difficile.

– Vous croyez que mon papa m'attend encore ? demande-t-elle à Philippe.

– Bien sûr ! Il sait que l'avion a du retard. **Ça arrive** souvent, tu sais. C'est vrai, aujourd'hui, c'est un peu particulier, la tempête est vraiment forte. Il faut un peu de patience.

---

il pleut : *il tombe de l'eau de pluie.* Il pleut. Je prends mon imperméable.
une hôtesse : *dame qui informe les passagers et s'occupe d'eux pendant le vol.*
décoller : *s'élever en l'air.* L'avion avance sur la piste et il décolle.
ça arrive : *ça se produit.*

CHAPITRE 5 **Le rendez-vous**

Vers quinze heures, l'avion décolle enfin. Il pleut encore, mais il n'y a pas de vent. Les enfants ont faim. L'hôtesse propose aux passagers une collation.

– Madame, s'il vous plaît, demande Anna, à quelle heure on arrive à Saint-Pétersbourg ?

– Vers dix-huit heures, mademoiselle.

– Quel temps il fait, là-bas ?

Il fait très froid.

– Il y a de la neige ? demande Sonia.

– Bien sûr ! répond l'hôtesse.

– Génial ! On va faire de la luge, alors ? s'exclame Sonia.

– Mon père a une jolie maison, à dix kilomètres de Saint-Pétersbourg. C'est dans la campagne. On peut faire de la luge, mais aussi du ski de fond, des promenades en traîneau.

– Des promenades en traîneau ? Avec des chiens ?

– Des chiens... ou des chevaux.

Un peu avant dix-huit heures, le pilote annonce l'arrivée à l'aéroport de Saint-Pétersbourg. Une demi-heure plus tard, les passagers se retrouvent devant la douane. Soudain, Anna aperçoit son père.

– Papa ! Papa ! s'écrie-t-elle.

Son père l'aperçoit lui aussi et lève les bras.

---

une collation : *repas léger.*
une luge : *petit véhicule utilisé pour glisser sur la neige.*
un traîneau : *véhicule tiré par des chiens pour glisser sur la neige.*
soudain : *brusquement.*

Son père l'aperçoit lui aussi et lève les bras.

Philippe et les deux jeunes filles passent la douane ensemble. Ils se dirigent tous les trois vers le père d'Anna. C'est un homme assez grand, avec de longs cheveux gris et une moustache de la même couleur. « On dirait un viking », pense Philippe.

– Papa, je te présente mon amie Sonia. Et voici son père.

– Bienvenue à Saint-Pétersbourg, monsieur ! dit-il à Philippe.

– Merci. C'est un plaisir d'être ici. Je me présente : Philippe Marchand.

– Comment vous dites ?

– Marchand. Philippe Marchand. Je suis directeur d'une chaîne d'hôtels et je viens justement pour...

– Visiter un ensemble d'hôtels de grand luxe en plein centre-ville pour touristes et hommes d'affaires **fortunés**.

fortuné : *riche*.

CHAPITRE **5** **Le rendez-vous**

Philippe le regarde, surpris. L'homme parle un français parfait.

– Mais... comment savez-vous ?
– Je m'appelle Dimitri Ivanoff.
– Monsieur Ivanoff ? Mais, c'est incroyable !

Anna et Sonia se regardent : elles ne comprennent pas ce qui se passe. Les deux hommes se tournent alors vers les enfants.

– C'est simple, dit le Russe. Monsieur Marchand et moi avons rendez-vous. Je suis à l'aéroport pour te chercher, Anna, et pour accueillir ce monsieur. Il reste quelques jours à Saint-Pétersbourg.

– Papa ! On peut les inviter chez nous ?
– Eh bien, pourquoi pas !
– Je vous remercie, mais je ne veux pas vous déranger. J'ai déjà une chambre pour ma fille et moi à l'hôtel Atlas.

– Papa ! Papa ! La maison est assez grande ; et puis Sonia adore la neige, elle veut faire de la luge avec moi.

– Qu'en pensez-vous, monsieur Marchand ? Ma maison est confortable, nos filles peuvent s'amuser ensemble et nous, parler affaires ! C'est formidable, non ?

– Qu'est-ce qu'on fait, Sonia ?
– Dis oui, s'il te plaît ! Je ne peux pas rêver de

42   accueillir : *recevoir*.

Les deux hommes se regardent, avec un léger sourire.

plus belles vacances. La neige, la luge, ma meilleure copine... Il manque seulement maman !

– Sonia a raison. Pourquoi elles ne viennent pas, nos mamans, pour Noël ?

Les deux hommes se regardent, avec un léger sourire.

– Ça, c'est une bonne idée, dit le père d'Anna. Qu'en pensez-vous, monsieur Marchand, on leur téléphone ?

– D'accord. Je crois qu'il y a encore des places dans l'avion de demain.

– C'est vraiment chouette, la vie ! s'exclame Anna. N'est-ce pas, Sonia ?

***

manquer : *ne pas être là.* – Tout le monde est là ? – Non, il manque Pierre.
chouette (fam.) : *beau.*

COMPRENDRE

1. Entoure la bonne réponse.

a. Ce matin, *il fait beau – il pleut – il neige*.

b. C'est *une tempête – un ouragan – un orage*.

c. Les avions *peuvent décoller – ont du retard – ne peuvent pas décoller*.

d. Anna est *contente – triste – indifférente*.

2. Vrai ou faux ?

	V	F
a. L'avion décolle à dix-sept heures.	☐	☐
b. Dans l'avion, les passagers prennent un repas.	☐	☐
c. Sonia n'est pas contente parce qu'il y a de la neige à Saint-Pétersbourg et qu'elle n'aime pas la neige.	☐	☐
d. Anna dit à Sonia qu'elles peuvent faire du ski de fond ou des promenades en traîneau.	☐	☐
e. Le père d'Anna n'est pas à l'aéroport quand ils arrivent.	☐	☐

3. Réponds.

a. Quelle est la réaction du père d'Anna quand il entend le nom du père de Sonia ?

....

COMPRENDRE

b. Le père d'Anna est à l'aéroport pour deux raisons. Lesquelles ?

....

c. Quelle est la profession de Philippe ?

....

d. Qu'est-ce qu'il vient faire à Saint-Pétersbourg ?

....

e. Où vont s'installer Sonia et son père pendant la semaine ?

....

f. Qui va sans doute venir passer Noël à Saint-Pétersbourg ?

....

4. Associe les paroles ou les pensées aux personnages.

a. On dirait un viking.

b. Bienvenue à Saint-Petersbourg, monsieur !

c. Je suis directeur d'une chaîne d'hôtels

d. Papa ! on peut les inviter chez nous ?

e. Qu'est-ce qu'on fait, Sonia ?

f. C'est vraiment chouette, la vie !

- le père de Sonia
- le père d'Anna
- Anna

DISCUTER

Imagine...
Un autre titre pour cette histoire.

....

Réfléchis...
a. Après les vacances de Noël, est-ce qu' Anna retourne en France ?
b. Les deux mamans vont aller à Saint-Pétersbourg ?
c. Dimitri et Ludmila vont vivre à nouveau ensemble ?
d. À ton avis, cette histoire est vraisemblable, possible dans la vie ?

Donne ton opinion...
a. D'après toi, c'est facile pour un élève d'étudier dans une langue étrangère ?
b. Est-ce que tu aimerais faire tes études dans une autre langue et dans un autre pays ?
c. Que penses-tu d'une famille, comme celle de Sonia, où on parle deux langues ?

Parle...
a. Est-ce que tu aimes les voyages ? Tu préfères les pays chauds ? Les pays froids ?
b. Tu as des camarades étrangers dans ta classe ? Pourquoi ils sont là ?
c. Les parents de certains de tes amis sont séparés ? Comment ça se passe chez eux ?
d. As-tu un(e) ami(e) très intime, comme le sont Sonia et Anna ?

CORRIGÉS

pages 3 et 4
2. c
3. a
4. la musique ; visiter des musées ; la peinture
5. b

pages 12 et 13
1. a. russe ; b. en France ; c. le français ; d. brésilienne
2. a. vrai ; b. faux ; c. vrai ; d. faux ; e. vrai ; f. faux ; g. faux
3. a. 1 ; b. 2
4. a. Sonia ; b. Anna ; c. Anna ; d. Anna ; e. Sonia

pages 20 et 21
1. a. Anna ; b. le 16 décembre 2006 ; c. les mathématiques ; d. « je peux aller aux toilettes ? »
2. a. huit heures ; b. malade ; c. Anna ; d. pendant le cours de maths ; e. au lit
3. a. non ; b. non ; c. Parce qu'elle est triste. ; d. Elle pleure et elle joue du piano. ; e. Au travail. ; f. À l'école.
5. a. le professeur de mathématiques ; b. le professeur de mathématiques ; c. Sonia ; d. Anna

pages 28 et 29
1. 1. b ; 2. c ; 3. a ; 4. b
2. a. faux ; b. vrai ; c. faux ; d. vrai ; e. vrai
3. a ; b ; e ; f ; h
4. a. Qu'ils ne s'aiment pas. ; b. non ; c. Qu'ils sont très différents. ; d. C'est comme son père et sa mère.
5. a. le père de Sonia ; b. le père de Sonia ; c. Anna ; d. Sonia ; e. Sonia

47

CORRIGÉS

pages 36 et 37

1. b
2. a. vrai ; **b.** faux ; **c.** vrai ; **d.** faux
3. a. En Russie, à Saint-Pétersbourg. ; **b.** Mardi, à huit heures. ; **c.** Qu'il part le même jour à Saint-Pétersbourg et qu'il prend le même avion. ; **d.** Que Sonia peut partir avec lui. ; **e.** Elle est très heureuse. ; **f.** À six heures, devant l'aéroport.
4. a. le père de Sonia ; **b.** Anna ; **c.** le père de Sonia ; **d.** Anna ; **e.** le père de Sonia ; **f.** le père de Sonia

pages 44 et 45

1. a. il pleut ; **b.** une tempête ; **c.** ne peuvent pas décoller ; **d.** triste
2. a. faux ; **b.** vrai ; **c.** faux ; **d.** vrai ; **e.** faux
3. a. Il est surpris. ; **b.** Pour chercher Anna et accueillir le père de Sonia. ; **c.** Il est directeur d'une chaîne d'hôtels. ; **d.** Visiter un ensemble d'hôtels de grand luxe. ; **e.** Chez Anna et son père. ; **f.** La maman d'Anna et la maman de Sonia.
4. a. le père de Sonia ; **b.** le père d'Anna ; **c.** le père de Sonia ; **d.** Anna ; **e.** le père de Sonia ; **f.** Anna